I0000131

LOI

AYANT POUR BUT DE RÉDUIRE A DIX HEURES

LE

TRAVAIL DES OUVRIERS

DANS LES MANUFACTURES

Présidence de M. J. VAYSON.

ABBEVILLE

IMPRIMERIE ET LITHOGRAPHIE C. PAILLART

28, RUE DE L'HÔTEL-DE-VILLE, 28

1881

LOI

AYANT POUR BUT DE RÉDUIRE A DIX HEURES

LE

TRAVAIL DES OUVRIERS

DANS LES MANUFACTURES

Présidence de M. J. VAYSON.

ABBEVILLE

IMPRIMERIE ET LITHOGRAPHIE C. PAILLART

28, RUE DE L'HÔTEL-DE-VILLE, 28

1881

LOI

AYANT POUR BUT DE RÉDUIRE A DIX HEURES

LE TRAVAIL DES OUVRIERS

DANS LES MANUFACTURES

Présidence de M. J. VAYSON

Extrait des procès-verbaux

Au nom de la Commission chargée d'étudier le projet de loi ayant pour but de réduire à dix heures le travail des ouvriers dans les manufactures, M. J. Vayson donne lecture du rapport suivant :

MESSIEURS,

Dans la séance du 13 Janvier vous m'avez chargé de vous soumettre quelques observations sur le projet présenté à la Chambre des Députés et qui a pour but de réduire à dix heures par jour le travail des ouvriers dans les usines.

La durée du travail a été réglementée pour les femmes et pour les enfants par des décrets antérieurs, cette réglementation était réclamée par suite de l'abus qui était fait d'un travail très-long imposé à des êtres faibles,

LOI

AYANT POUR BUT DE RÉDUIRE A DIX HEURES

LE TRAVAIL DES OUVRIERS

DANS LES MANUFACTURES

Présidence de M. J. VAYSON

Extrait des procès-verbaux

Au nom de la Commission chargée d'étudier le projet de loi ayant pour but de réduire à dix heures le travail des ouvriers dans les manufactures, M. J. Vayson donne lecture du rapport suivant :

Messieurs,

Dans la séance du 13 Janvier vous m'avez chargé de vous soumettre quelques observations sur le projet présenté à la Chambre des Députés et qui a pour but de réduire à dix heures par jour le travail des ouvriers dans les usines.

La durée du travail a été réglementée pour les femmes et pour les enfants par des décrets antérieurs, cette réglementation était réclamée par suite de l'abus qui était fait d'un travail très-long imposé à des êtres faibles, il était démontré que, dans certaines usines, des enfants travaillaient jusqu'à quatorze heures par jour, et leur développement physique comme leur développement moral étaient entravés.

Cette réglementation fut favorablement accueillie, elle était nécessaire. Mais en est-il de même aujourd'hui pour ce qui concerne l'ouvrier adulte, parvenu à toute sa croissance, possesseur de toute sa force et chargé souvent des devoirs que lui impose sa famille? Nous ne le pensons pas, et il n'est pas difficile de démontrer les inconvénients du projet actuel.

D'où vient la proposition?

Si nous recherchons, Messieurs, quelle est la série de besoins ou de réclamations à laquelle a pour but de répondre la proposition soumise par Monsieur Martin Nadaud à la Chambre des Députés, nous ne trouvons rien qui puisse la motiver.

En effet dans aucun centre industriel nous ne voyons que des plaintes se soient élevées contre la durée du travail, qui est coupé par des repos variant légèrement suivant les localités et suivant les industries; l'ouvrier est au contraire toujours disposé à prolonger la journée par des heures supplémentaires, et lorsqu'un moment de crise ou d'arrêt dans les affaires oblige un chef d'établissement à réduire à trois quarts de jour, par exemple, la durée du travail dans ses ateliers, les ouvriers se plaignent vivement et beaucoup quittent même l'usine, ce qui n'aurait pas lieu si on admettait que douze heures de travail dépassent la limite des forces de l'ouvrier, et qu'il peut en dix heures d'un plus grand labeur, gagner autant que par le travail d'une journée ordinaire alors que le travail est payé à la tache.

L'état de l'industrie réclame-t-il un changement dans la durée du travail. Bien au contraire, car il y a de toute part une tendance marquée à remplacer le travail manuel et fatiguant par l'emploi de machines dont la conduite demande de l'attention et des soins et non de la force musculaire.

Les usines, car ce sont elles qui sont particulièrement visées dans le projet auquel nous répondons, sont toujours largement bâties, saines et aérées ; elles réunissent des garanties de salubrité que sont loin de présenter souvent les logements de la population ouvrière ; nous ajouterons de plus que les chefs d'établissement ont intérêt à assurer la moralité dans leurs ateliers et que cette surveillance cesse lorsque l'ouvrier est dehors.

Que ferait l'ouvrier après sa journée de dix heures. Croit-on qu'il rentrerait dans sa demeure au milieu de sa famille ? C'est là une erreur ; rien dans sa maison ne l'attire ni ne l'y retient, on peut consulter sur ce point les enquêtes qui ont été faites sur les logements ouvriers, sur ce qui s'y passe. L'ouvrier se rendrait forcément dans les cabarets ou dans d'autres lieux de réunion, au détriment de sa santé, de sa moralité, et

(marginalia:) L'état de l'industrie réclame-t-il un changement?

(marginalia:) Question de moralité.

même du bien être de sa famille, en y dépensant une partie de son gain. Aux enfants, dont on a limité la durée du travail, on a imposé l'école ou des cours du soir qui, dans quelques villes, ont été constitués pour leur donner le complément d'instruction qu'ils n'avaient pu acquérir à l'école primaire avant leur entrée dans l'atelier, mais peut-on imposer ces cours à l'ouvrier adulte, au père de famille? Evidemment non, il n'y est porté ni par goût, ni par besoin, et ce qu'il recherche naturellement après le travail, c'est le repos ou le plaisir.

En admettant qu'exceptionnellement quelques ouvriers désireux d'augmenter leurs ressources cherchent un travail supplémentaire en dehors de leur journée, on arrivera à un résultat contraire au but du projet et on aura rendu un ouvrier moins apte aux deux besognes qu'il poursuit.

C'est une entrave à la liberté. Il y a plus : une limitation semblable est une entrave portée à la liberté du travail.

Le droit de travailler est la source du droit de propriété et se confond avec lui (JULES SIMON). Puisque la nature nous a donné des besoins et les moyens d'y satisfaire par notre travail, il est clair que nul ne peut entraver ce droit (JULES SIMON, *la Liberté*).

Il est dans le plan de la Providence que nous soyons libres, que nous restions libres, nous aimons naturellement à disposer de nous-mêmes. (JULES SIMON, *l'Autorité*).

Pousser trop loin les idées de réglementation, c'est entraver la libre expansion de l'activité de chacun, c'est aller au-delà du but que l'on veut atteindre, qui doit être une sage protection philanthropique.

Lorsque l'on était encore sous l'ancienne législation, on s'explique la loi de 1848, qui réduisit à douze heures la durée de la journée de travail, mais depuis cette époque, la situation s'est modifiée d'abord par la loi du 27 novembre 1849 sur les coalitions, mais ensuite par la loi très-libérale édictée sous l'Empire, loi du 25 mai 1864, qui modifie les articles 414, 415, 416 du Code pénal et qui permet aux ouvriers et aux patrons de discuter librement les conditions du travail et du salaire.

Que se passe-t-il à l'étranger ? On ne peut prendre pour exemple ce qui se passe en Angleterre, où la journée de travail est de dix heures et où les usines s'arrêtent une partie de la journée du samedi, de telle sorte que, suivant les industries, la durée du travail de la semaine est réduite à cinquante-quatre et cinquante-six heures ; d'abord cet arrêt du samedi est nécessaire, car le dimanche la vie s'arrête pour ainsi dire dans la protestante Angleterre ; il a donc fallu laisser à l'ouvrier quelques heures de la journée du samedi pour s'occuper des petits travaux de son ménage et de son intérieur, ce qu'il fait en France le dimanche matin.

Le caractère de l'ouvrier anglais se prête mieux que celui du français à donner, dans une journée de dix heures, le travail effectif de dix heures ; il est plus grave

que l'ouvrier français, il reste fixé près de son métier, attentif et laborieux ; l'ouvrier français est plus léger, enclin à perdre du temps, et, si on consulte les chefs d'établissements, on verra qu'avec les pertes de temps à l'entrée et à la sortie de l'atelier, avec celles qui se produisent dans l'atelier même, le travail effectif de l'ouvrier français ne dépasse guère dix heures.

Plusieurs publicistes anglais ont regretté que la journée de l'ouvrier ne soit pas plus longue et qu'il y ait chez eux l'arrêt du samedi ; ils ont calculé la perte de production que cela faisait pour la Grande-Bretagne et, dans le désir d'amener encore une suprématie aux produits anglais par l'abaissement du prix de revient, ils ont comparé la puissance productive de l'ouvrier anglais et celle de l'ouvrier français et conclu à l'avantage du dernier à cause du plus grand nombre d'heures de travail.

La diminution des heures correspond à une augmentation des salaires.

Quoi qu'on dise et quoi qu'on fasse, il est certain que l'ouvrier produira moins de travail en dix heures qu'en douze heures et ses besoins resteront les mêmes et on peut dire qu'ils s'accroîtront.

La diminution des heures de travail amène donc forcément et logiquement une augmentation dans le prix des salaires ; reste à savoir si notre situation industrielle est en état de supporter cette nouvelle charge et si, devant l'augmentation sans cesse croissante des importations en France, ce ne serait pas une mesure désastreuse que celle qui, en augmentant le prix de revient des produits français, aiderait encore à l'envahissement du marché national.

C'est encore une erreur de croire que dans le travail réduit à dix heures, l'ouvrier, plus reposé, plus attentif, produira plus vite dans les usines ; les machines sont montées pour rendre le maximum de leur effet utile ; elles marchent aussi vite qu'on peut les faire marcher, puisque le travail de l'ouvrier est réduit à une simple surveillance ; or, diminuer leur production d'un sixième, c'est augmenter les frais généraux.

Des deux côtés, c'est une augmentation du prix de revient qui, en définitive, retombera sur l'ouvrier à la fois producteur et consommateur.

Gêne dans l'industrie Il y a certaines industries pour lesquelles une pareille réduction est encore plus désastreuse, celles, par exemple, qui travaillent jour et nuit et ont deux relais d'ouvriers qui chacun travaille treize heures, comment feront-elles avec la journée réduite à dix heures ? auront-elles trois escouades ou changeront-elles chaque jour les heures de travail des ouvriers ?

Dans les ateliers qui produisent les articles dits de nouveauté et dans lesquels on voit succéder une très-grande activité à l'arrêt appelé morte-saison, il est très-important de produire très-vite, les ouvriers ont un grand intérêt à pouvoir regagner un supplément de main-d'œuvre pour équilibrer la perte subie pendant l'époque de calme.

Le projet dont nous nous occupons s'applique aux travaux faits dans l'usine, c'est-à-dire dans le local où l'agglomération des travailleurs et la surveillance qui y est exercée présentent des garanties dans l'intérêt de la population ouvrière, mais ce projet n'est applicable ni à la petite industrie ni aux travaux agricoles. N'est-ce pas dans la petite industrie que toutes les enquêtes antérieures ont démontré que là surtout se trouvaient les abus ?

Est-il possible de réglementer les travaux agricoles qui doivent être faits, non pas à la fantaisie du cultivateur, mais dans les délais que lui indiquent la nature et le mode de culture ?

Reconnaître qu'une réglementation pareille n'est pas applicable pour tous, que la majorité des travailleurs y échappera forcément, avoir deux poids et deux mesures, c'est la meilleure preuve des défauts du projet de loi.

Une proposition telle que celle dont nous nous occupons est anti-économique, elle est contraire aux principes de la liberté du travail et ne peut se présenter que comme une flatterie adressée à l'ouvrier des grandes villes et propre à développer ses mauvais penchants.

Les réglementations faites par l'autorité dans les conditions du travail sont toujours des entraves qui nuisent à sa puissance d'expansion, c'est le travailleur lui-même qui est le meilleur juge des conditions économiques qui lui sont les plus avantageuses ; la réglementation nous fait revenir en arrière ; on oublie que c'est l'affranchissement du travail qui lui a donné l'expansion dont il a profité, dont il jouit, et cela au profit de tous.

Si nous examinons maintenant quelles sont les principales industries de la circonscription de la Chambre, nous trouvons que le projet de loi leur apporte à toutes une grande perturbation.

La serrurerie, dont le principal développement existe à la campagne, dans des centres agricoles, emploie des ouvriers qui s'occupent également de culture.

La corderie, dont une partie des travaux se fait au dehors, est obligée de régler ses heures de travail suivant la longueur des jours.

La filature du lin, le tissage des toiles demandent une protection à nos tarifs de douane et souffriraient beaucoup d'une augmentation dans leurs prix de revient.

La fabrication des tapis est soumise aux arrêts de la morte-saison et a besoin de produire plus vite à certaines époques de l'année.

Les sucreries et les scieries mécaniques ont recours au travail de nuit.

En un mot, toutes nos industries éprouveraient une gêne considérable par la réduction des heures de travail.

Conclusions.

Par ces motifs, la Chambre en exprimant le regret de voir que les Chambres de Commerce n'ont pas été consultées sur une question qui intéresse aussi vivement l'intérêt du travail national, donne un avis défavorable à un projet de loi qu'elle considère comme une réforme inutile, dangereuse et contraire aux intérêts du pays.

A l'unanimité, la Chambre approuve les conclusions du rapport ci-dessus, le convertit en délibération, et dit qu'il sera adressé à M. le Ministre de l'Agriculture, et du Commerce, aux Députés, aux Sénateurs et aux Chambres de commerce,

Pour copie conforme,

Le Président de la Chambre,

J. VAYSON.

4276 — Abbeville, imprimerie et lithographie C. Paillart.

www.ingramcontent.com/pod-product-compliance
Lightning Source LLC
Chambersburg PA
CBHW050421210326
41520CB00020B/6696